ピアノ パーティー A

BASTIEN PIANO PARTY

もくじ

ジェーン・S・バスティン
リサ・バスティン
ローリー・バスティン 共著

ユニット1
- みぎて ひだりて てをたたこう ……… 2
- すうじさがし ……………………………… 3
- ゆびばんごう ……………………………… 4
- ひくい まんなか たかい ……………… 5
- けんばんのおと ………………………… 6
- 3つのくろいけんばん ………………… 7
- とぼう！もぐろう！ …………………… 8

ユニット2
- どろんこ ………………………………… 10
- ぞうのぺんきやさん …………………… 12
- おゆびでおはなし ……………………… 14
- 2つのくろいけんばん ………………… 15

ユニット3
- すきーりょこう ………………………… 16
- 2ひきのくろねこ ……………………… 18
- おとのなまえ …………………………… 20
- けんばんのＡＢＣ（ら し ど） ……… 21
- おゆびでおはなし ……………………… 22

ユニット4
- おんぷとかぞえかた …………………… 23
- けんばん あるこう …………………… 24
- りずむにあわせてＡＢＣ（ら し ど）… 26
- けんばんのＣＤＥ（ど れ み） ……… 28

ユニット5
- おんぷとかぞえかた …………………… 29
- かぞえながらひこう …………………… 30
- おんぷさがし …………………………… 31
- ＡＢＣ（ら し ど）のうた …………… 32
- たのしいＣＤＥ（ど れ み） ………… 33
- おやゆびのうた ………………………… 34
- けんばんのＥＦＧ（み ふぁ そ） …… 35

ユニット6
- かぞえながらひこう …………………… 36
- 「はろうぃーん」のよる ……………… 37
- おとさがし ……………………………… 38
- およごう うみで ……………………… 39
- おとさがし ……………………………… 40
- じてんしゃと さんりんしゃ ………… 41
- びんご …………………………………… 42

教師の手引き …………………………… 44

修了証 …………………………………… 48

Kjos
Neil A. Kjos
Music Company
Publisher

株式会社 東音企画

注意！この本のすべての音楽・テキスト、絵と図は、法律によって保護されています。
いかなる方法でも複製、又は複写することは、法律の権利を侵害します。複写所有物を複写するものは、それぞれの侵害に対して相当の罰金をうけます。

©1993, ©1994 Neil A. Kjos Music Company, 4380 Jutland Drive, San Diego, CA 92117. International copyright secured. All rights reserved. Printed in U.S.A.

ISBN 0-8497-8607-X

JN149038

みぎて ひだりて てをたたこう

■ **みぎては、どれ？　あかでかこみましょう。**
■ **ひだりては、どれ？　あおでかこみましょう。**

みぎてを　たたこう
ひだりて　いち　にい　さん
みぎ　ひだり　みぎ　ひだり
たたこう　さーん　はい！

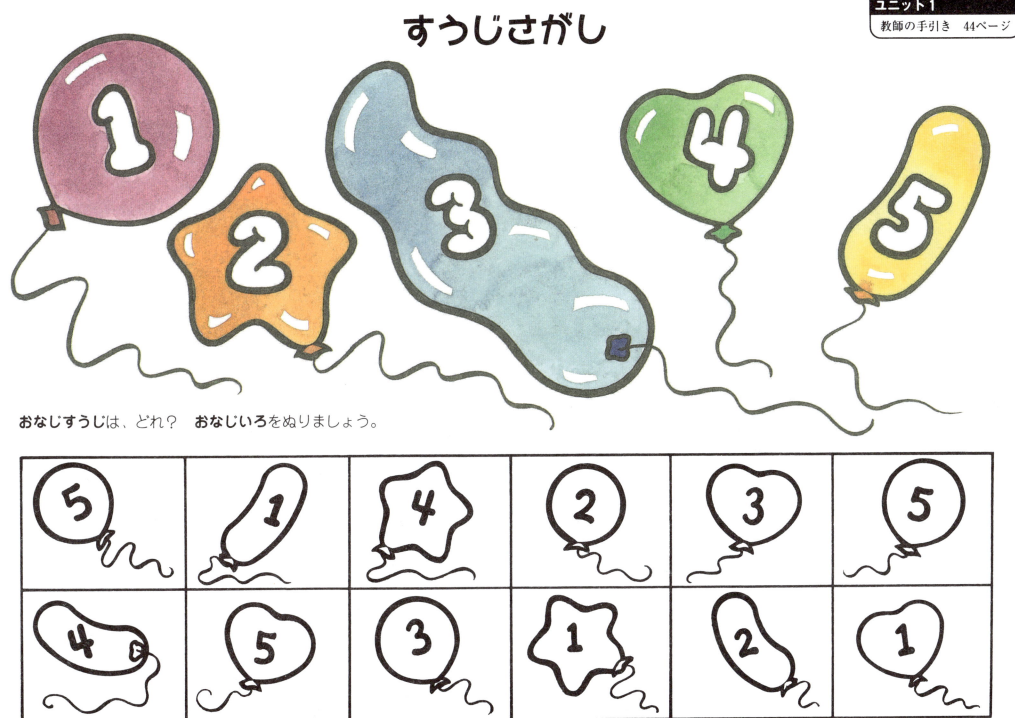

ゆびばんごう

まいにちしましょう。	
ひだりてを、	3のゆび
あおいてにのせ、	5のゆび
みぎてで	1のゆび
	4のゆび
	2のゆび　をさしましょう。

まいにちしましょう。	
みぎてを、	4のゆび
あかいてにのせ、	3のゆび
ひだりてで	5のゆび
	1のゆび
	2のゆび　をさしましょう。

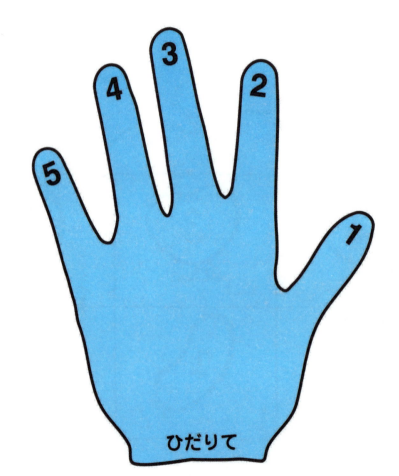

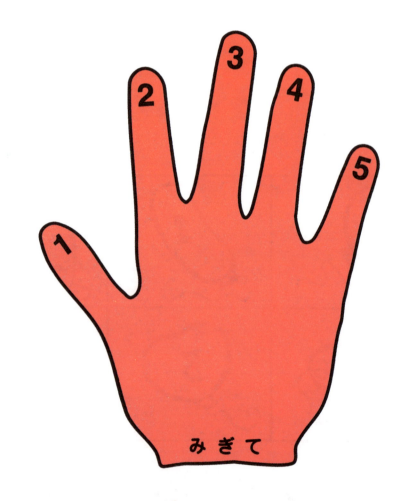

ひくい まんなか たかい

1. このどうぶつは、**どんなたかさのこえ**で なきますか？
2. ☐ に、いろをぬりましょう。
   たかいーあお　**まんなか**ーみどり　**ひくい**ーきいろ

たかい

まんなか

ひくい

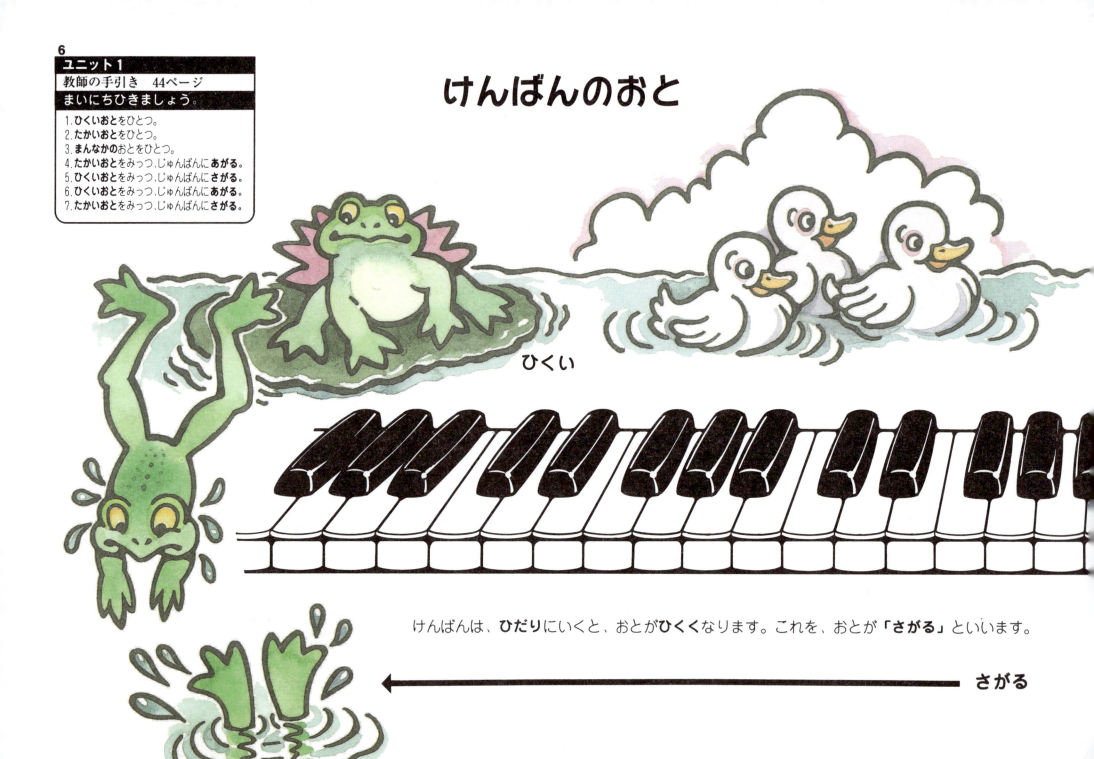

> ユニット1
> まいにちひきましょう。
> 1. たかい３つのくろ。
> 2. ひくい３つのくろ。
> 3. まんなかの３つのくろ。

まんなか　　　　　　　　たかい

けんばんは、**みぎ**にいくと、おとが**たかく**なります。これを、おとが**「あがる」**といいます。

あがる ⟶

３つの くろいけんばん

くろいけんばんは、２つのなかまと３つのなかまにわかれています。
３つのなかまをさがしましょう。

ユニット1

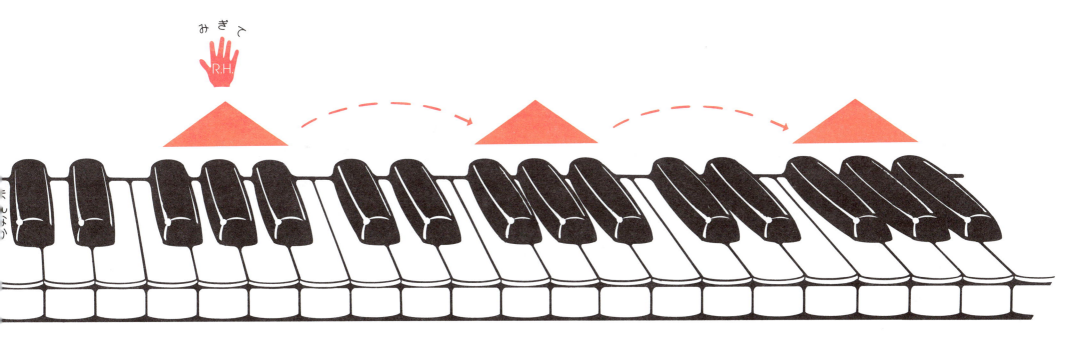

とぼう そらへ

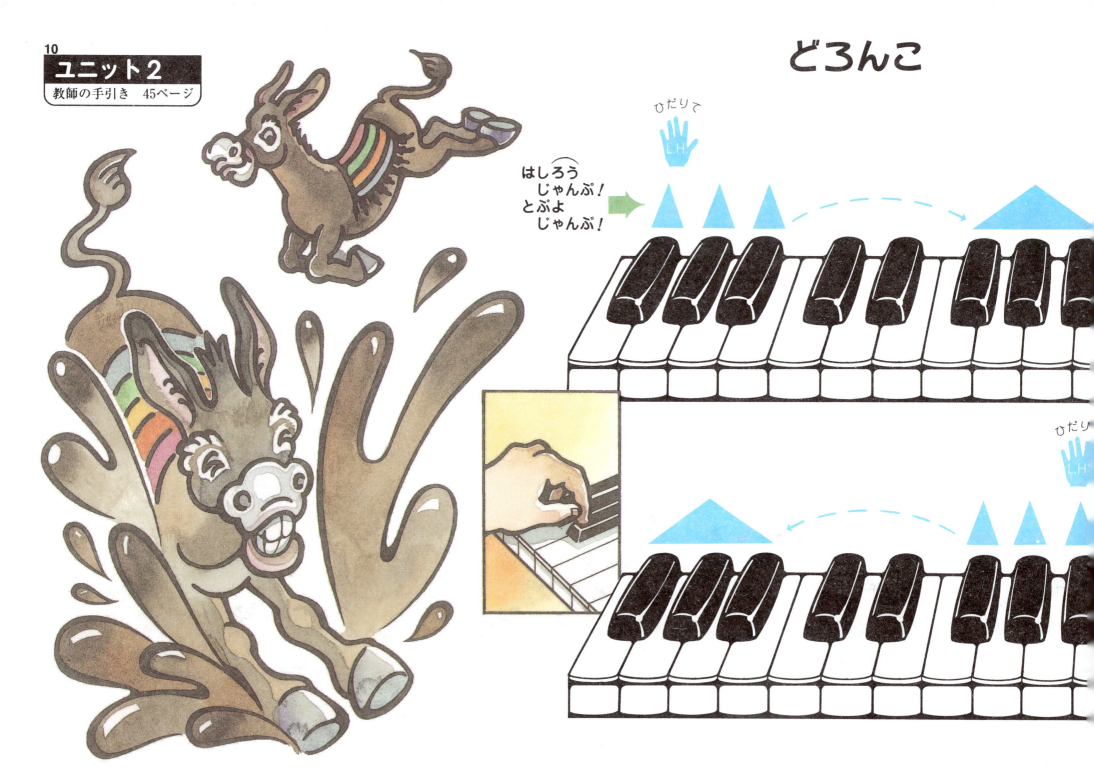

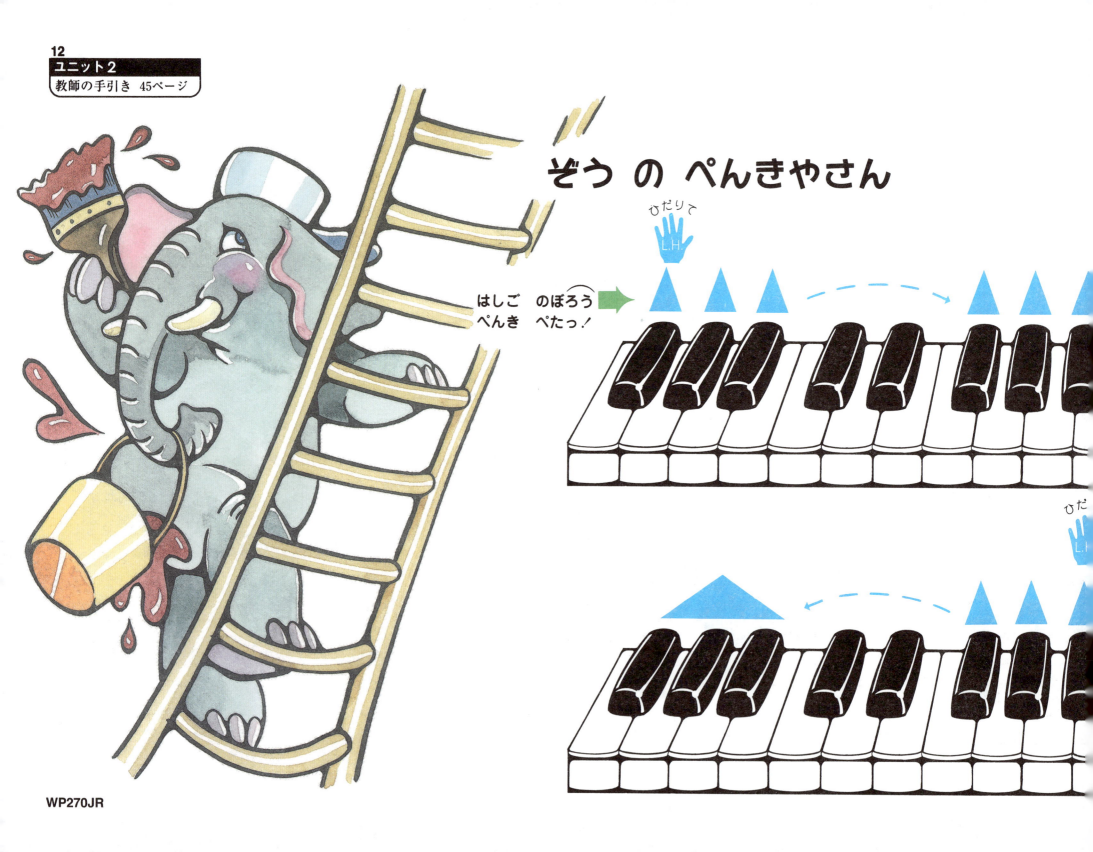

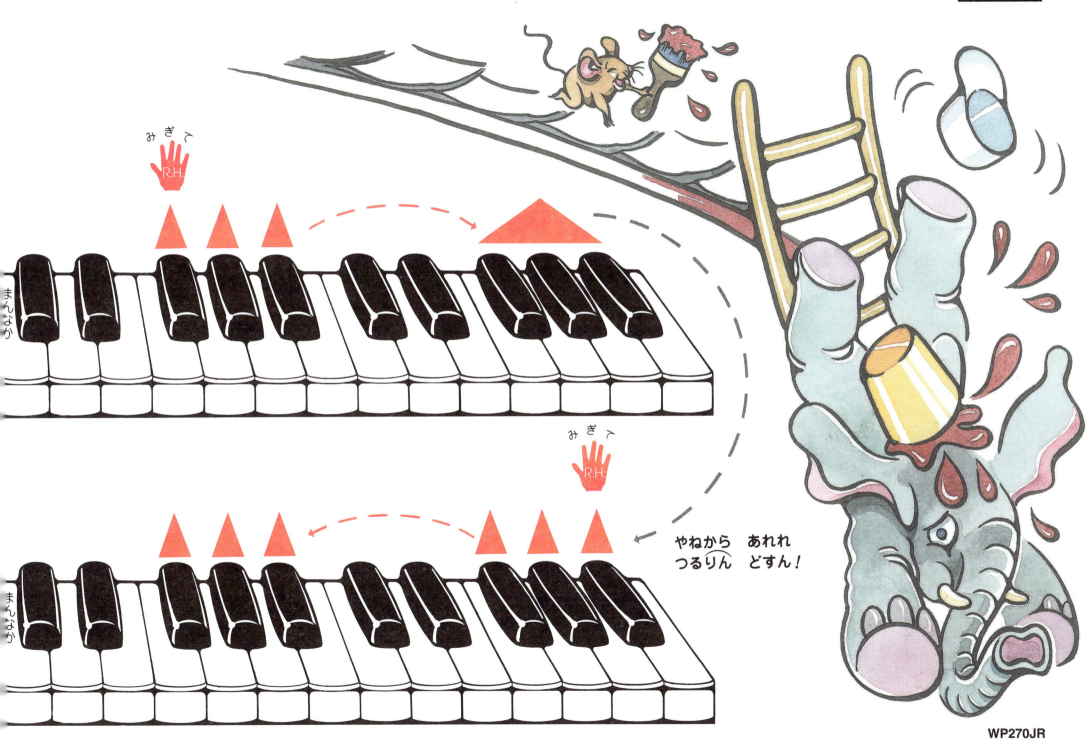

おゆびで おはなし

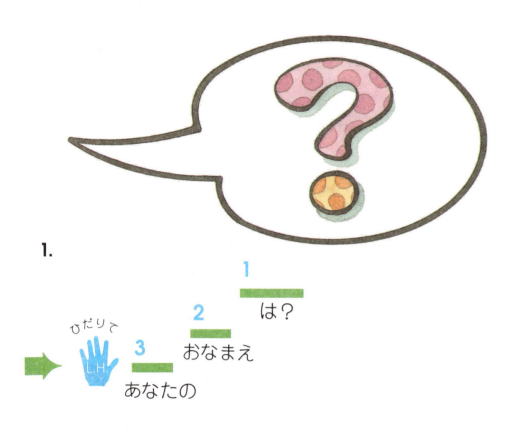
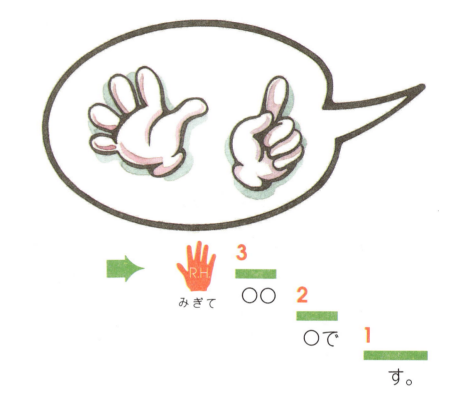

1. ひだりて あなたの おなまえ は？ → みぎて ○○ ○で す。

2.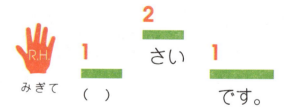

先生へ：○○や（　）に名前や歳をいれてください。

2つの くろいけんばん

ユニット2
まいにちひきましょう。
1. **たかい**2つのくろ。
2. **ひくい**2つのくろ。
3. **まんなか**2つのくろ。

ひくい　　　　　　　　　　　まんなか　　　　　　　　　　　たかい

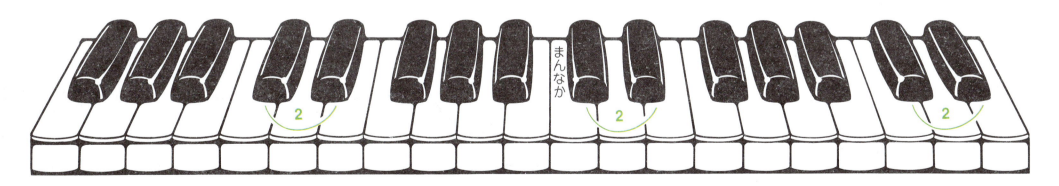

くろいけんばんは、**2つのなかま**と**3つのなかま**にわかれています。
2つのなかまをさがしましょう。

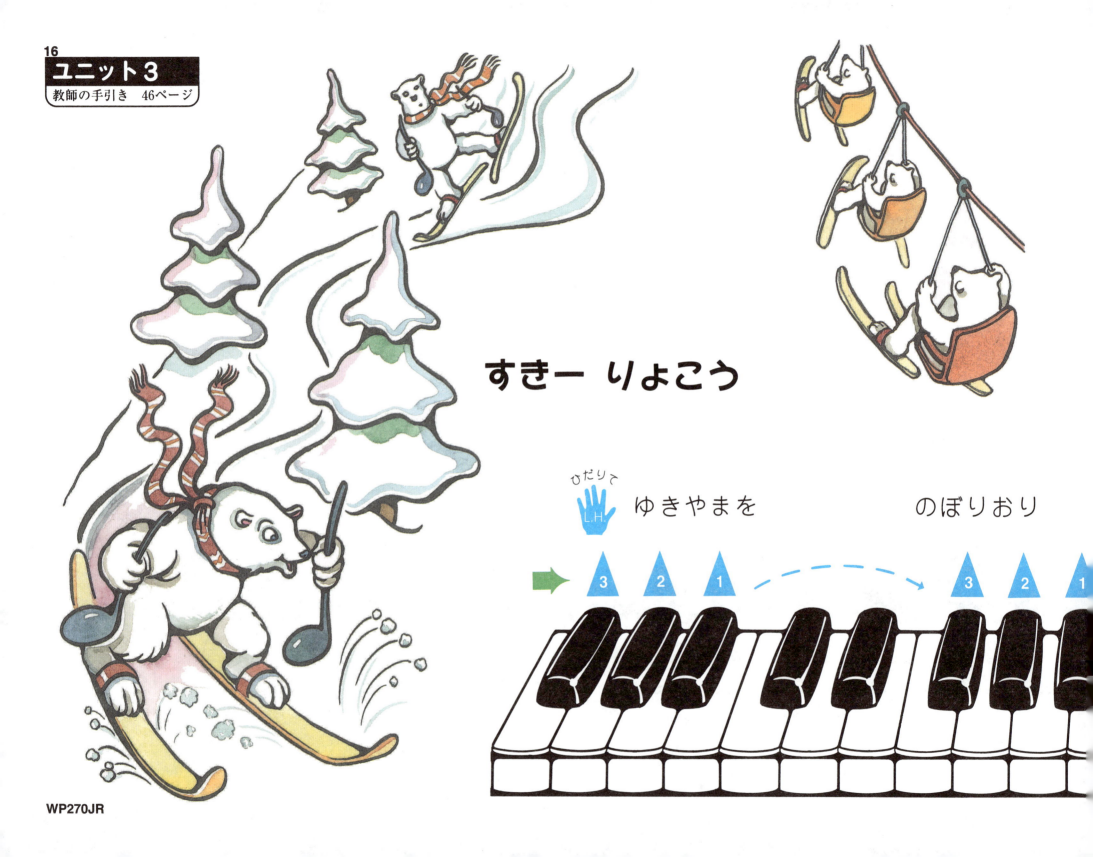

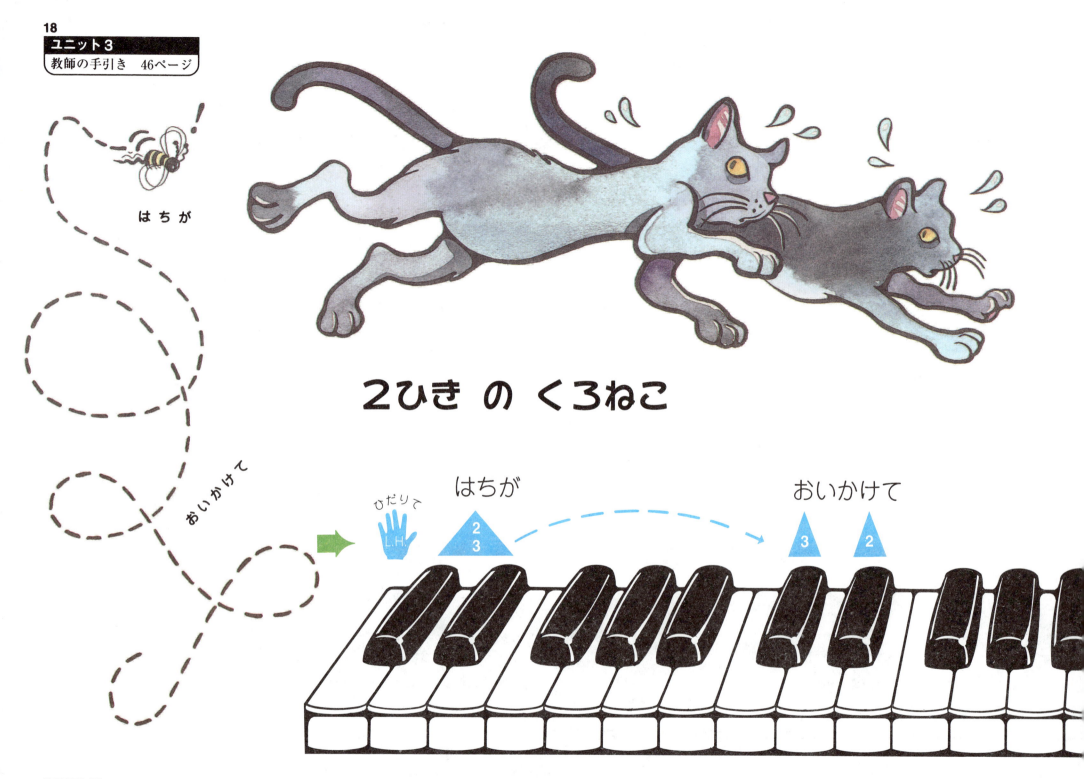

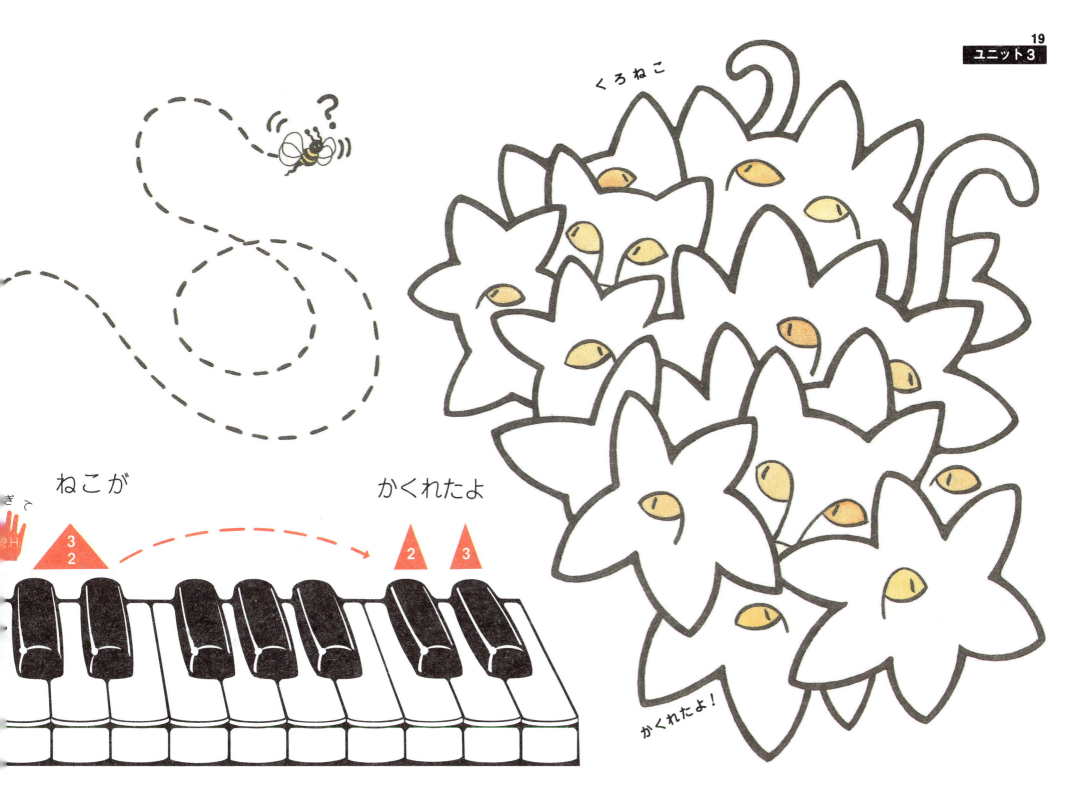

おとのなまえ

しろいけんばんは、ぜんぶで**7つのおと**があります。

おとのなまえをおぼえてしまうまで、なんかいもいいましょう。

おなじおとをみつけて、**おなじいろ**でかこみましょう。

C ど	F ふぁ	E み	B し	D れ	G そ
G そ	B し	D れ	F ふぁ	A ら	C ど

けんばんのABC
らしど

ユニット3
まいにちひきましょう。

1. ぜんぶのA（ら）。
2. ひくいほうから、ABC（らしど）をぜんぶ。
3. ぜんぶのB（し）。
4. ぜんぶのC（ど）。
5. ひくいA（ら）をひとつ。
6. たかいC（ど）をひとつ。
7. まんなかのB（し）。

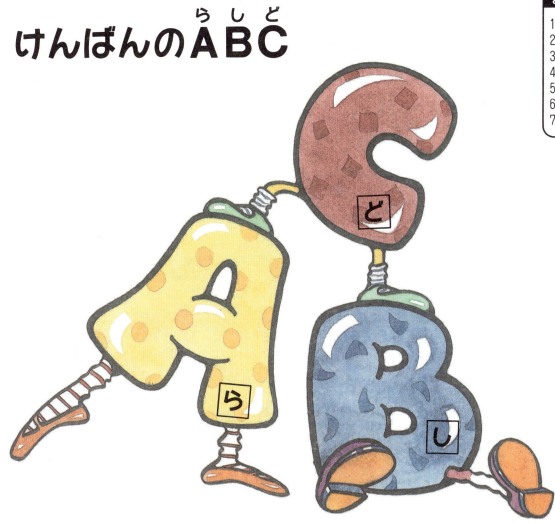
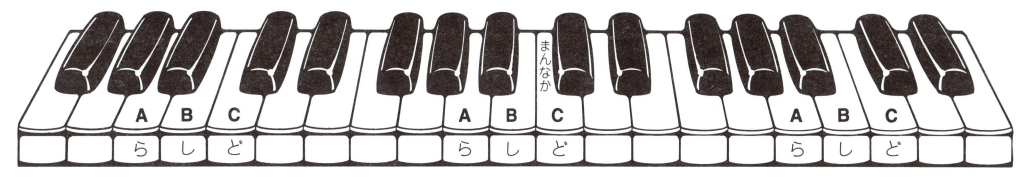

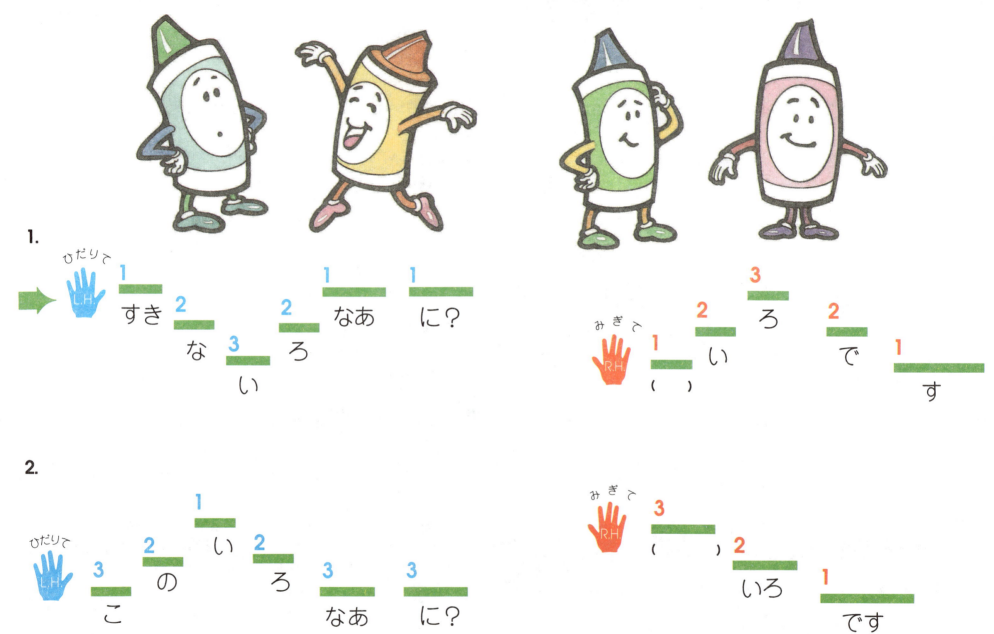

おんぷ と かぞえかた

こえをだして かぞえながら たたく：

♩	♩	♩	♩
4ぶ	4ぶ	4ぶ	4ぶ
(たん	たん	たん	たん)

♩		♩	
2ぶ おんぷ		2ぶ おんぷ	
(たー あー		たー あー)	

o			
ぜん おんぷ のば そう			
(たー あー あー あー)			

クレヨン:
- 4ぶおんぷ（オレンジ）
- 2ぶおんぷ（みどり）
- ぜんおんぷ（ピンク）

つぎのいろでおんぷをかこみましょう。

■ 4ぶおんぷ－オレンジ　　■ 2ぶおんぷ－みどり　　■ ぜんおんぷ－あか

先生へ：数え方は、先生の判断に従って下さい。

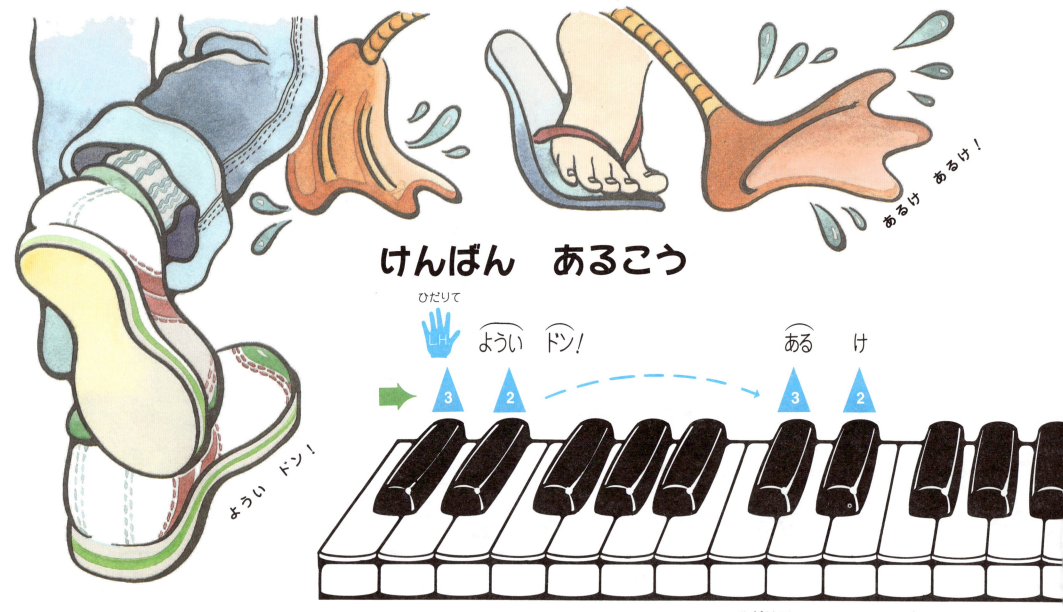

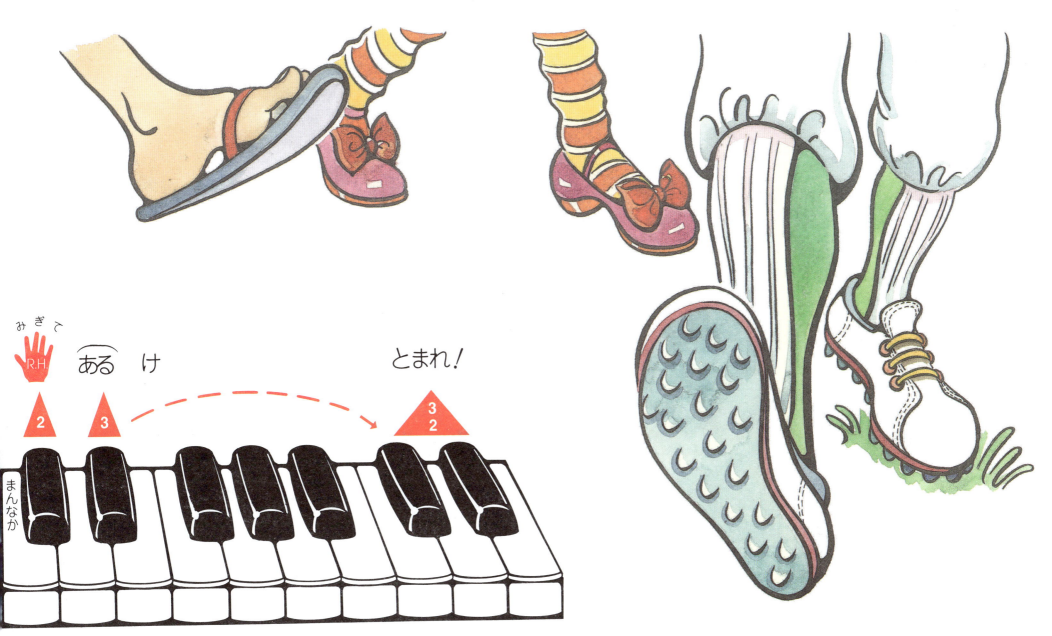

みぎて
1. こんどは、**3**と**4**のゆびでひきましょう。
2. もういちど、**4**と**5**のゆびでひきましょう。
3. さいごに、**1**と**2**のゆびでひきましょう。

ユニット４
教師の手引き 46ページ
まいにちしましょう。

1. ぜんぶの**A（ら）**と**B（し）**と**C（ど）**をみつける。
   （ひくい、まんなか、たかいばしょで）
2. **てをおくばしょ**をすぐみつける。
3. **ゆびばんごう**をいいながら、こえをだしてひく。
4. こえをだして**かぞえ**ながらひく。
5. りずむにあわせ、**かし**をうたいながらひく。

りずむにあわせて　ＡＢＣ

1. ひ　こう　　　　　　　Ａ　Ｂ
2. か　ぞえ　　　　　　　な　が

ユニット4
まいにちひきましょう。

1. ぜんぶのC（ど）。
2. ぜんぶのCDE（どれみ）を ひくいおとからじゅんに。
3. ぜんぶのD（れ）。
4. ぜんぶのE（み）。
5. ひくいD（れ）。
6. ひくいE（み）。
7. まんなかのC（ど）。

けんばんの CDE

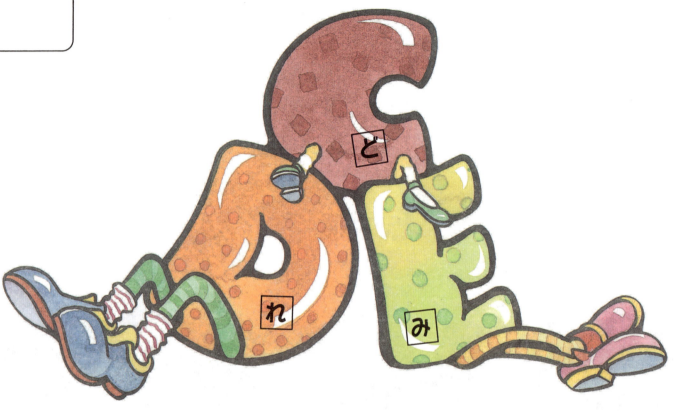

ひくい　　　　　まんなか　　　　　たかい

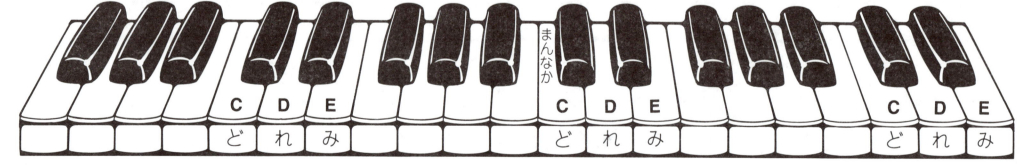

おんぷ と かぞえかた

ユニット５
教師の手引き　46ページ

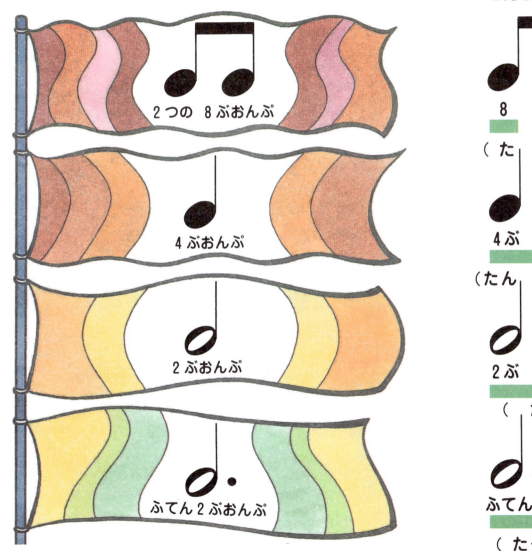
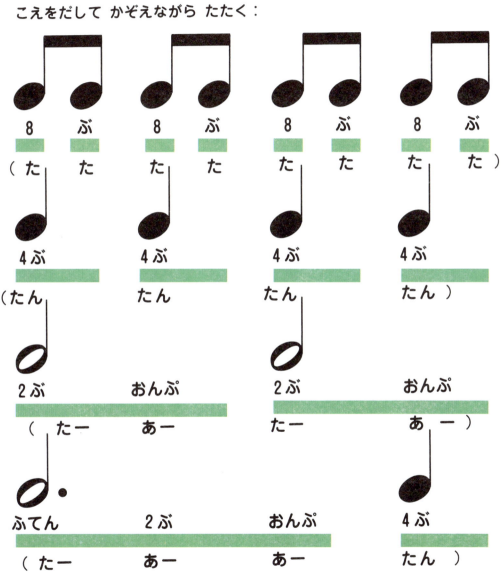

かぞえながら ひこう

すきなゆびをつかって、こえをだして、**かぞえながら**ひきましょう。

おんぷさがし

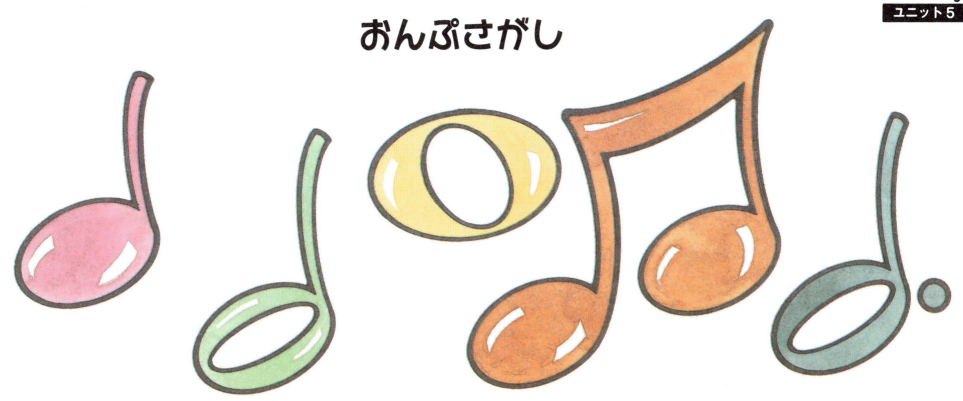

おなじおんぷをみつけたら、**おなじいろ**でぬりましょう。

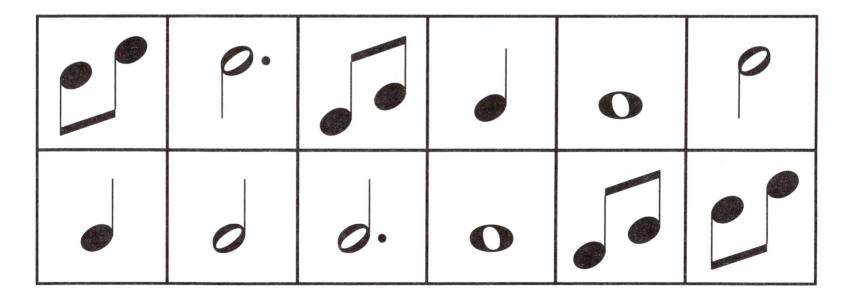

32

ユニット 5

教師の手引き　47ページ

まいにち

ぜんぶのA（ら）B（し）C（ど）をみつける。
（ひくい、まんなか、たかいばしょで）
ひきはじめるばしょをすぐみつける。
つぎの3とおりでひきましょう。
1. **ゆびばんごう**をいいながら。
2. こえをだして、**かぞえながら**。
3. りずむにあわせ、**かしをうたいながら**。

いつもちゅういしましょう。
1. **ただしいてのかたち**でひく。
2. がくふから**め**をはなさないでひく。

ABCのうた

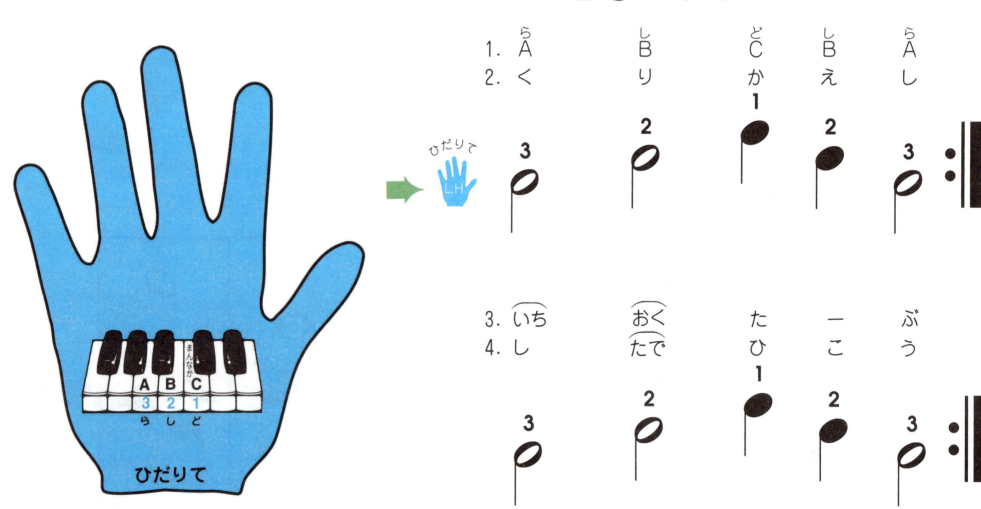

たのしい C D E
(どれみ)

ユニット5

教師の手引き 47ページ

まいにち

ぜんぶのC（ど）D（れ）E（み）をみつける。
　（ひくい、まんなか、たかいばしょで）
ひきはじめるばしょをすぐみつける。
つぎの3とおりでひきましょう。
1. **ゆびばんごう**をいいながら。
2. こえをだして、**かぞえ**ながら。
3. りずむにあわせ、**かし**をうたいながら。
いつもちゅういしましょう。
1. **ただしいてのかたち**でひく。
2. **がくふ**から**め**をはなさないでひく。

1. C　D　E　D　C
   ど　れ　み　れ　ど
2. た　の　し　い　な

3. いち　おく　た　一　ぶ
4. う　え　で　も　ね

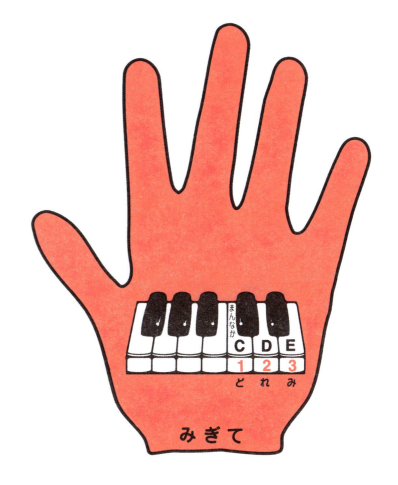

34
ユニット 5
教師の手引き 47ページ
まいにち
ぜんぶのA（ら）B（し）C（ど）D（れ）E（み）を
みつける。
　（ひくい、まんなか、たかいばしょで）
つぎの3とおりでひきましょう。
1. **ゆびばんごうをいいながら。**
2. こえをだして、**かぞえながら。**
3. りずむにあわせ、**かしをうたいながら。**
いつもちゅういしましょう。
1. **ただしいてのかたちでひく。**
2. がくふから**め**をはなさないでひく。

おやゆびの　うた

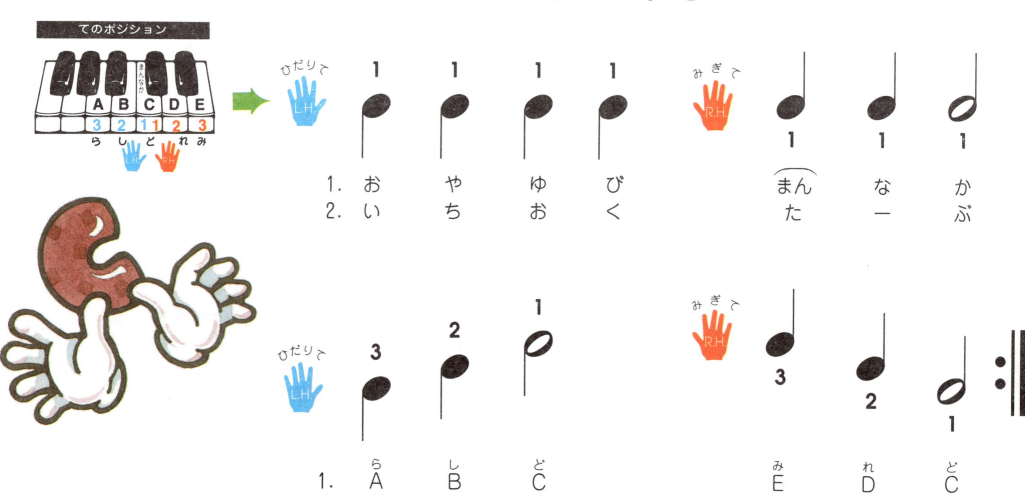

WP270JR

けんばんの E F G
（み ふぁ そ）

ユニット5
まいにちひきましょう。
1. ぜんぶのE（み）。
2. ぜんぶのE、F、G（み、ふぁ、そ）を ひくいおとからじゅんに。
3. ぜんぶのF（ふぁ）。
4. ぜんぶのG（そ）。
5. ひくいF（ふぁ）。
6. たかいG（そ）。
7. まんなかのE（み）。

ひくい　　　　　　まんなか　　　　　　たかい

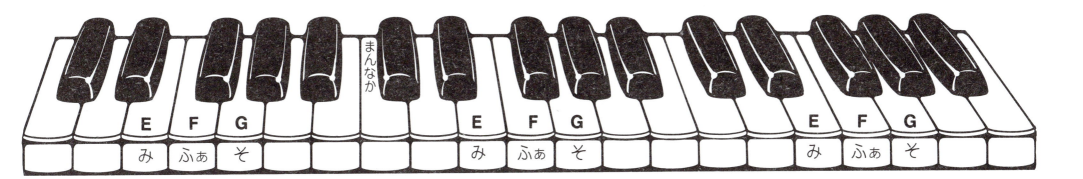

伴奏：生徒は1オクターブ高くひきます。

ユニット6
教師の手引き 47ページ

まいにち

どんなおとでも、すぐみつけられるようにする。
　（ひくい、まんなか、たかいばしょで）
まんなかCポジションにてをおき、せんせいやおかあさまに
いわれた**おとをてをみないで**、すぐひけるようにする。
つぎの3とおりでひきましょう。
1. **ゆびばんごうを**いいながら。
2. こえをだして、**かぞえながら**。
3. りずむにあわせ、**かしをうたいながら**。

いつもちゅういしましょう。
1. **ただしいてのかたちでひく。**
2. **がくふからめをはなさないでひく。**

「はろうぃーん」のよる

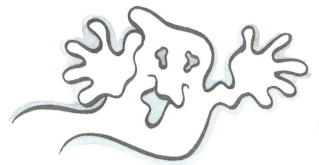

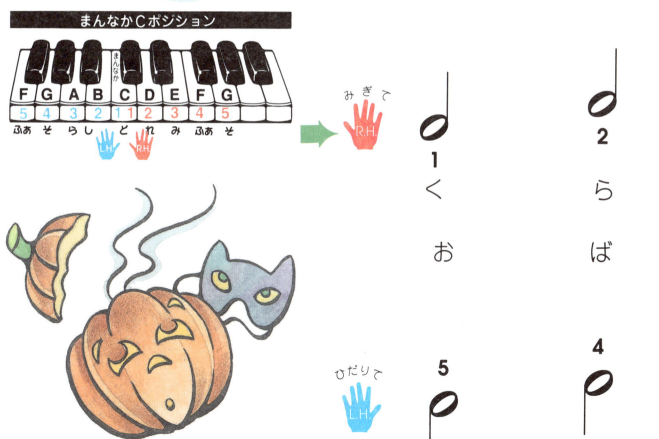

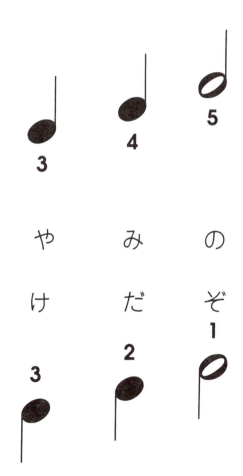

ハロウィーン：アメリカでは、ハロウィーンという子供のお祭りの日があります。毎年10月31日になると、子供達はおばけや魔女などに仮装して、近所の家々をまわり、「Trick-or-Treat（トリック　オア　トリート）」と言ってお菓子をもらい、楽しく過ごします。

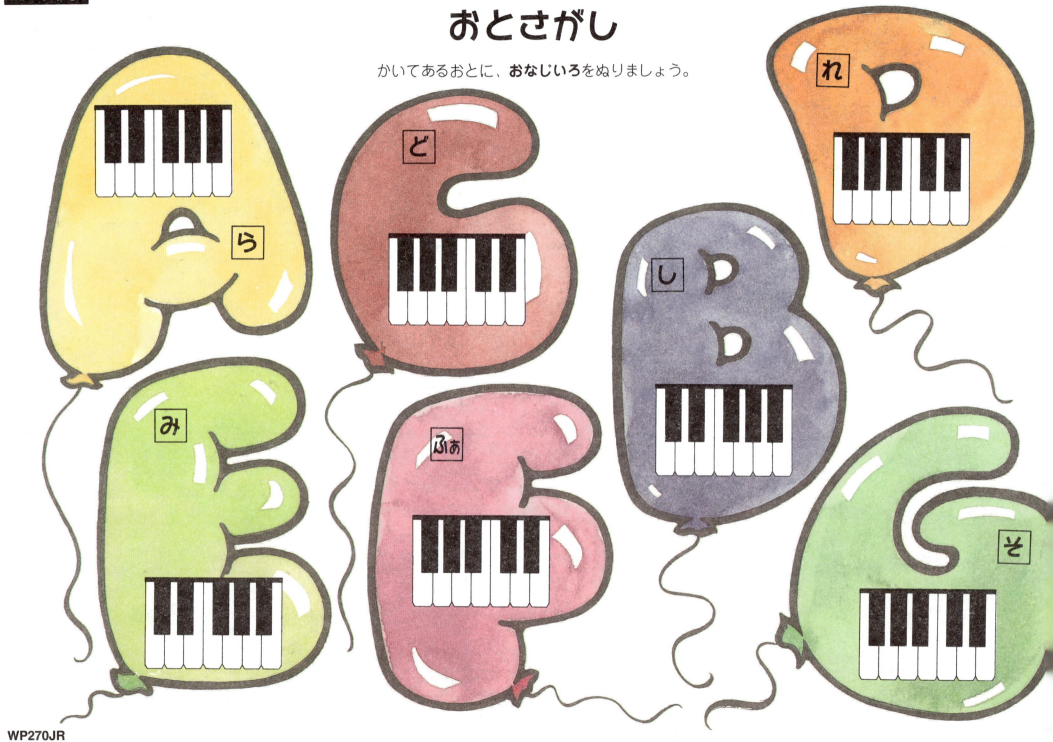

およごう うみで

ユニット6
教師の手引き　47ページ

まいにち

どんなおとでも、すぐみつけられるようにする。
　（**ひくい、まんなか、たかいばしょ**で）
まんなかCポジションにてをおき、**せんせい**や**おかあさま**
にいわれた**おと**をてをみないで、**すぐひける**ようにする。
つぎの3とおりでひきましょう。
1．**ゆびばんごう**をいいながら。
2．こえをだして、**かぞえながら**。
3．りずむにあわせ、**かしをうたいながら**。
いつもちゅういしましょう。
1．**ただしいてのかたちでひく。**
2．**がくふからめをはなさないでひく。**

おとさがし

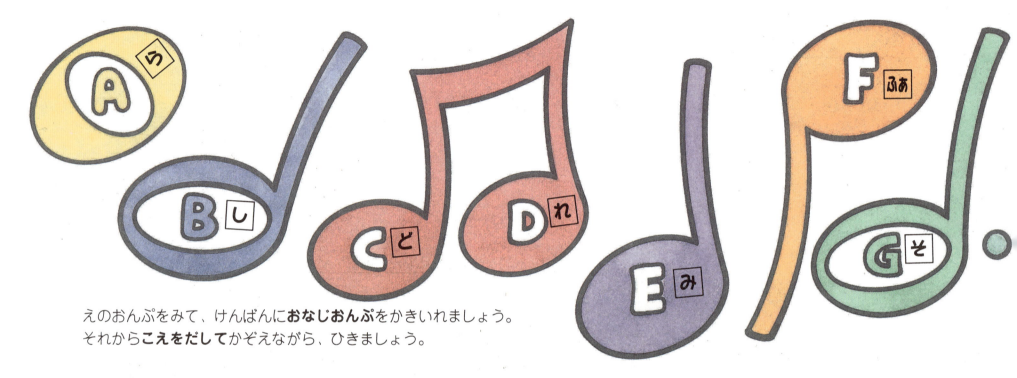

えのおんぷをみて、けんばんに**おなじおんぷ**をかきいれましょう。
それから**こえをだして**かぞえながら、ひきましょう。

伴奏：生徒は１オクターブ高くひきます。

じてんしゃ と さんりんしゃ

まんなかＣポジション

ユニット６
教師の手引き　47ページ

まいにち
どんなおとでも、**すぐみつけられるように**する。
　（ひくい、まんなか、たかいばしょで）
まんなかＣポジションにてをおき、せんせいやおかあさま
にいわれたおとをてをみないで、すぐひけるようにする。
つぎの３とおりでひきましょう。
1．**ゆびばんごうをいいながら**。
2．こえをだして、**かぞえながら**。
3．りずむにあわせ、**かしをうたいながら**。
いつもちゅういしましょう。
1．**ただしいてのかたちでひく**。
2．**がくふからめをはなさないで**ひく。

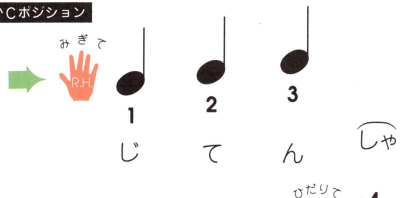

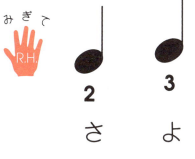

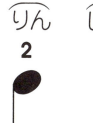

WP270JR

ユニット6

教師の手引き 47ページ

まいにち

どんなおとでも、すぐみつけられるようにする。
（ひくい、まんなか、たかいばしょで）
まんなかCポジションにてをおき、せんせいやおかあさまに
いわれた**おとをてをみないで、すぐひける**ようにする。
つぎの3とおりでひきましょう。
1．**ゆびばんごうをいいながら**。
2．こえをだして、**かぞえながら**。
3．りずむにあわせ、**かしをうたいながら**。
いつもちゅういしましょう。
1．**ただしいてのかたちでひく**。
2．**がくふからめをはなさないでひく**。

伴奏：生徒は1オクターブ高くひきます。

スタッカート

びんご

まんなかCポジション

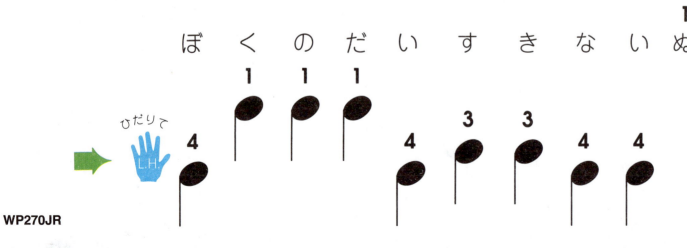

ぼくのだいすきないぬのなまえは

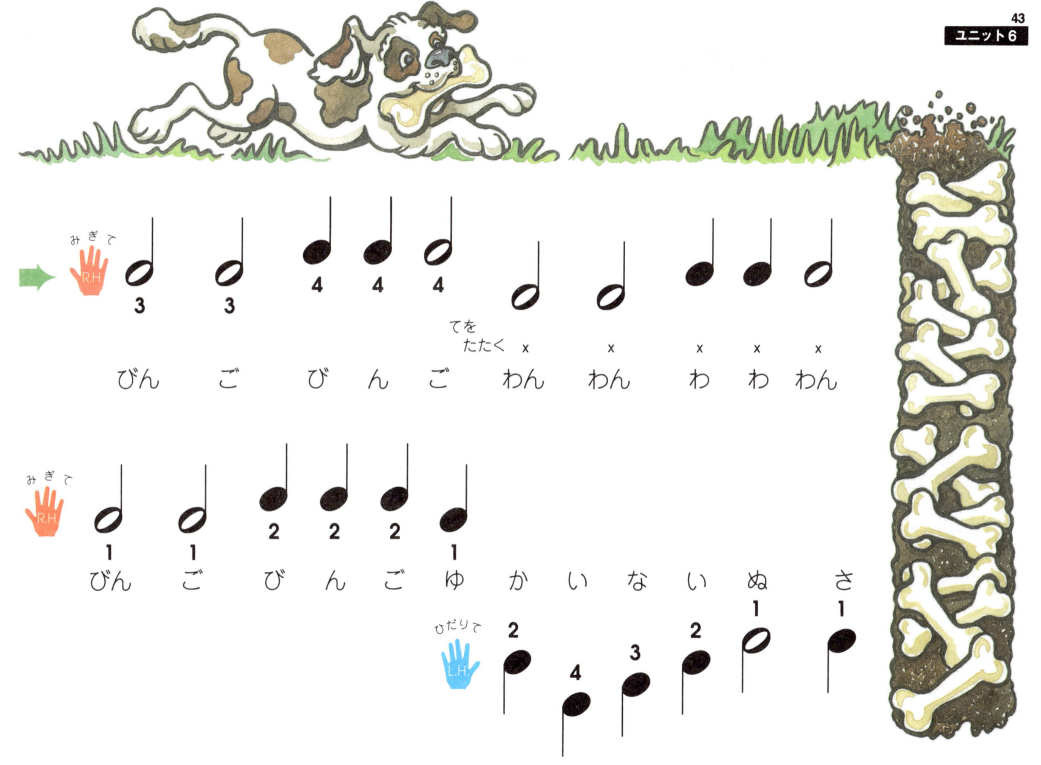

教師の手引き

- ピアノパーティーで、基本的な概念を教えます。
- 聴音＆楽典パーティーとパフォーマンスパーティーで、その概念の復習と確認をします。
- ピアノパーティーとパフォーマンスパーティーの2冊のテキストを合わせ、毎週、最低3曲の宿題を出して下さい。
- 聴音＆楽典パーティーは、ゆっくり進めて下さい。このテキストは、宿題にしてしまうのではなく、先生と生徒が一緒に繰り返し練習しながら、進めてゆくよう作られています。
- 内容別にユニットで分けてあります。このユニット番号は、各テキストに共通しています。
- テキストの進度には、個人差があります。生徒によっては、1ユニットを1週間で終わらせてしまうこともありますし、又、かなりの時間を要するという事もあります。各個人に合わせて、適切に練習を進めてください。

ユニット1 （2～9ページ）

2 「みぎて、ひだりて、てをたたこう」

- 歌と歌詞を教え、星印で手をたたかせます。最後の2小節は、友だち（または教師）と向き合ってたたきます。

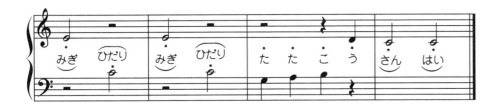

3 「すうじさがし」

- 1から5までの数字カードを作り、数字あてゲームをします。もしホワイトボードやフェルト版などがあれば、それを使って1～5の数字のならべっこなどをすると良いでしょう。

4 「ゆびばんごう」

- 白い紙に手を置き、手の形をなぞらせます。書いた指の上に、番号をふらせます。
- 課題の他に、次のような事をするとよいでしょう。
  (1) 両手で、にぎりこぶしを作らせます。
  (2) 教師が、リズムに合わせ、指をだします。
  (3) 教師の真似をさせます。

- 宿題（課題）が出されるのは、このページが最初です。

5 「ひくい、まんなか、たかい」

- 他にどんな高い音や低い音があるのかを話し合いましょう。（例）雷の音——低いなど。話し合った音を実際にピアノで弾かせます。

6-7 「けんばんのおと」

- 教師が、低い、真ん中、高い音をそれぞれ弾いて、生徒に聴かせ、生徒は、聴いた音がどの種類の音かを答えます。
- 生徒が、低い、真ん中、高い音をそれぞれ弾き、どの種類の音が聞こえたか生徒たち同志で、あてっこさせます。

7 「3つのこっけん」

- 知っている歌の歌詞をつけ、3つの黒鍵のみを使って、（生徒に）歌を作らせます。

WP270JR

8 「とぼう！もぐろう！」

- はじめに、教師は、弾き方を生徒(親)に見せ、それを真似させます。
  次に、楽譜(鍵盤図)の見方を教え、生徒(親)に、弾き方を覚えさせます。
  (家庭でも復習が出来るようにするためです。)
- 緑の矢印は、弾きはじめる場所を表します。
- 青の▲印は、左手で弾く音を表し、赤の▲印は、右手で弾く音を表します。
- 幅広の▲印は、げんこつで弾く音(トーンクラスター)を表します。
- 指番号は、必要なら書き入れてもかまいません。
- 点線の矢印は、次に進む位置を示します。
- 8〜9ページの曲を記譜すると次のようになります。

ユニット2　(10〜15ページ)

10-11 「どろんこ」

- 小さい▲印は、1本の指で弾かせます。
- 良い手の形・良い音で弾けるようにするため、右図のように、親指で、弾く指を支えながら練習させることを、お薦めします。

12-13 「ぞうのペンキやさん」

14 「おゆびでおはなし」

- 緑の➡の後の━印は音の音さを表します。音符によるリズムの導入は、この時点ではまだ行ないません。
- ピアノのふたを閉じて、ふたの上に左手を置き、歌いながら指を動かします。右手も同様にします。歌いながら、指を動かしている時は、絶対に譜面から目をそらさないように注意します。
- 役割を交代します。生徒が、問いのフレーズを歌って弾き、教師が答えます。
- グループ指導が行なえる場合は、生徒同志で、「問いかけと答」ができるとよいでしょう。
- 手を見ずに、指が楽に動かせるようになったら、ピアノのふたを開け、3つの黒鍵を使い、同じ「問いかけと答え」のフレーズを弾かせます。

ユニット3　(18～22ページ)

16-17　「スキーりょこう」
- このページではじめて、▲印の中に、指番号が示されます。のばす音に注意しましょう。

18-19
- 19ページの挿絵から猫を捜させ、色をぬらせるとよいでしょう。

20　「おとのなまえ」
- AからGまでのカードを作り、文字あてゲーム（何の文字かあてる）をするとよいでしょう。
- もし磁石板やフェルト板などがあれば、それを使うとよいでしょう。

22　「おゆびでおはなし」
- 再び、ピアノのふたの上での練習。譜面の指番号を見ながら（手を見ずに）、指を動かせるようにします。
- 緑の➡の後の■印は、音の長さを表します。■印が変われば、音も変わります。
- 手をみずに、楽に指を動かせるようになったら、ピアノのふたを開け、3つの黒鍵を使って、指番号を言いながら弾かせます。

ユニット4　(23～28ページ)

23　「おんぷとかぞえかた」
- ここではじめて、4分音符、2分音符、全音符を教えます。
- 指番号との混同を避けるため、数える時は"数"を使わず、できるだけ、音符名を使うことを、お薦めします。この方法だと、声を出して数えながら弾く時、何音符か確認しながら弾くことができます。

24-25　「けんばん、あるこう」
- 2本の指だけを使ったレガート奏法の導入です。
  弾く音を全部、指先でさわったまま、弾けるようにするのが肝要です。
  点線の部分で、次に移動する時は、腕を上手に使うよう指導してください。

26-27　「リズムにあわせてABC」
- 音符の種類を声をだして言わせます。（例：「4ぶ」）
- このページではじめて、鍵盤図に音符が書き込まれ、指番号も付されています。
- この曲ではじめて同じメロディーをくりかえし、1番と2番の2通りの歌詞がでてきます。

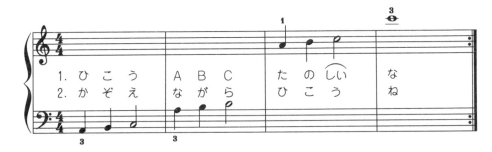

ユニット5　(28～35ページ)

29　「おんぷとかぞえかた」
- 2つの8分音符と符点2分音符が、紹介されますが、ここではまだ、リズム打ちのみにとどめています。くわしくは、パーティーBで学びます。

32　「ABC（らしど）のうた」
- このページ以降は、ポジションを固定したまま弾けるので、楽譜から目をそらさずに、弾くようにさせてください。これは、良い読譜の習慣がつくための最も重要な点です。
- 習った事柄を確認する為に
  (1) 声をだして、指番号を歌いながら弾かせます。
  (2) 声をだして、おんぷの種類を言いながら弾かせます。
  (3) リズムに合わせ、歌詞を歌いながら弾かせます。
  (4) 楽譜から目をそらさずに弾かせます。
  (5) 良い手の形で弾かせます。指の各関節が、内側に落ち込まないように注意してください。
- この曲ではじめて、連弾伴奏がつけられています。連弾で、生徒が1オクターブ上で弾かなければならない場合は、伴奏譜の注意書を参照してください。

33　「たのしいCDE」

34　「おやゆびのうた」

ユニット6　(38〜43ページ)

37　「ハロウィーンのよる」

39　「およごう、うみで」

41　「じてんしゃとさんりんしゃ」

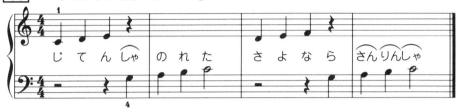

42-43　「ビンゴ」

最初のピアノパーティーは、いかがでしたか？
生徒さん・ご家族のみなさんと一緒に、楽しんでいただけましたか？
修了証書は、次のページです。
生徒さんのお宅の冷蔵庫のドアに貼っていただいてはいかがでしょう。

WP270JR

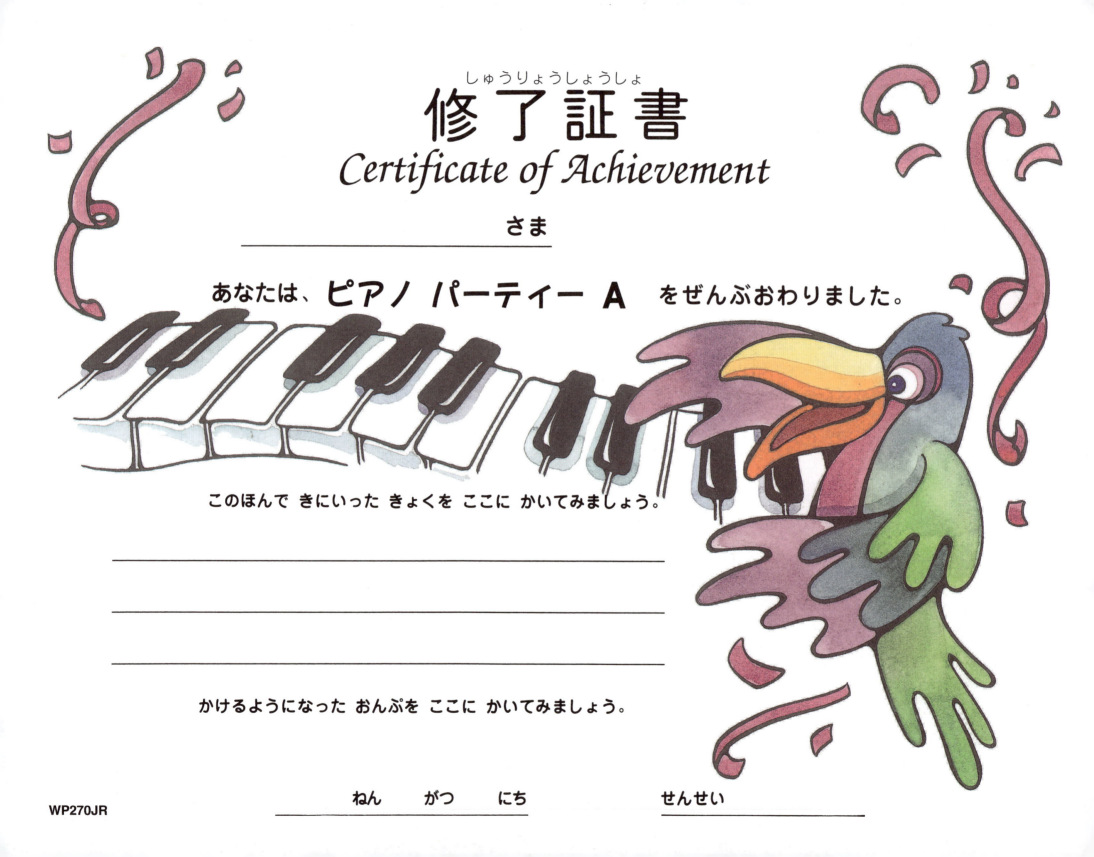